Impressum
Verlag: BABADADA GmbH, Nedderfeld 112 , 22529 Hamburg
Geschäftsführer / Verlagsleitung: Harald Hof
Druck: Books on Demand GmbH, In de Tarpen 42, 22848 Norderstedt

Imprint
Publisher: BABADADA GmbH, Nedderfeld 112 , 22529 Hamburg, Germany
Managing Director / Publishing direction: Harald Hof
Print: Books on Demand GmbH, In de Tarpen 42, 22848 Norderstedt, Germany

学校

School

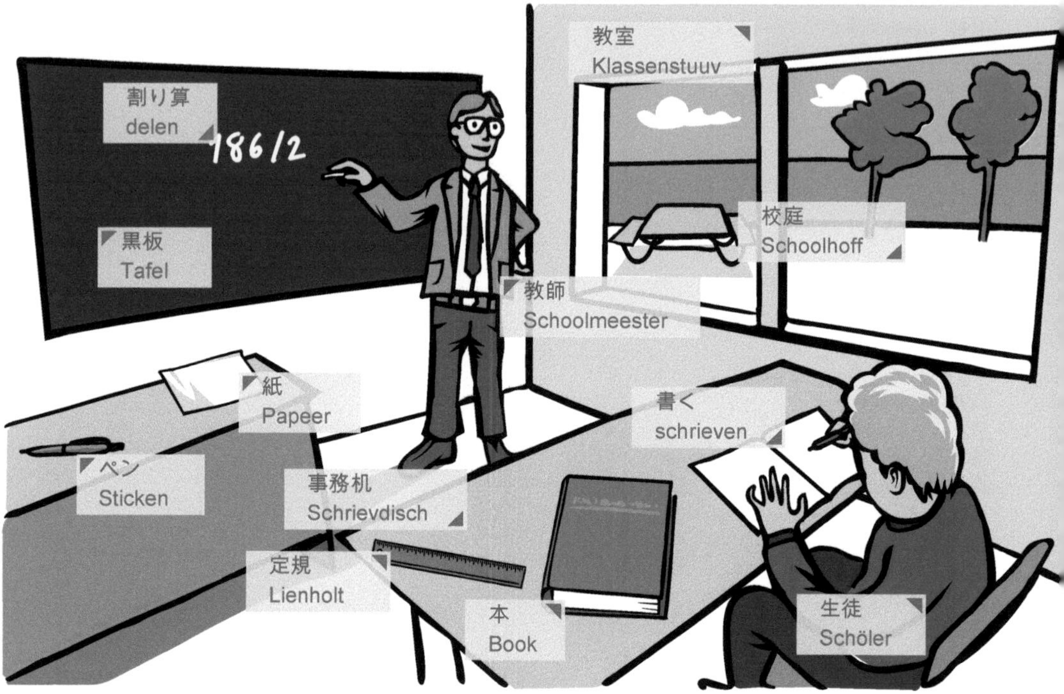

割り算
delen
186/2
黒板
Tafel
教室
Klassenstuuv
校庭
Schoolhoff
教師
Schoolmeester
紙
Papeer
書く
schrieven
ペン
Sticken
事務机
Schrievdisch
定規
Lienholt
本
Book
生徒
Schöler

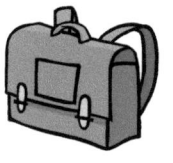

ランドセル

Ranzel

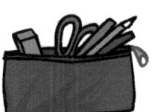

筆入れ

Feddermapp

鉛筆

Bleesticken

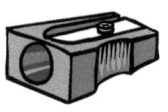

鉛筆削り

Scharpmaker

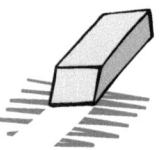

消しゴム

Radeergummi

スケッチブック

Tekenblock

スケッチ
Teken

絵筆
Pinsel

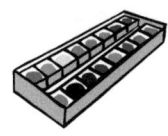

絵の具箱
Malkassen

はさみ
Scheer

接着剤
Klever

練習帳
Heft to'n Öven

宿題
Huusopgaav

12

数
Tall

2+2

足し算
tohooptellen

5-2

引き算
aftrecken

2×2

かけ算
malnehmen

計算する
reken

A

文字
Bookstaav

ABCDEFG HIJKLMN OPQRSTU VWXYZ

アルファベット
ABC

hello

単語
Woort

テキスト
Text

読む
lesen

チョーク
Kried

授業
Stunn

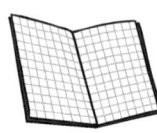

学級日誌
Klassenbook

試験
Pröven

通知表
Tüügnis

制服
Schooluniform

教育
Utbillen

百科事典
Nakieksel

大学
Universität

顕微鏡
Mikroskop

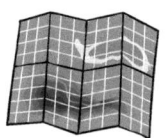

地図
Koort

ごみ箱
Papeerkorf

旅行
Törn

Grand
ホテル
Hotel
ホステル
Harbarg
ROOMS
EXCHANGE
両替所
Wesselstuuv
スーツケース
Kuffer
自動車
Auto

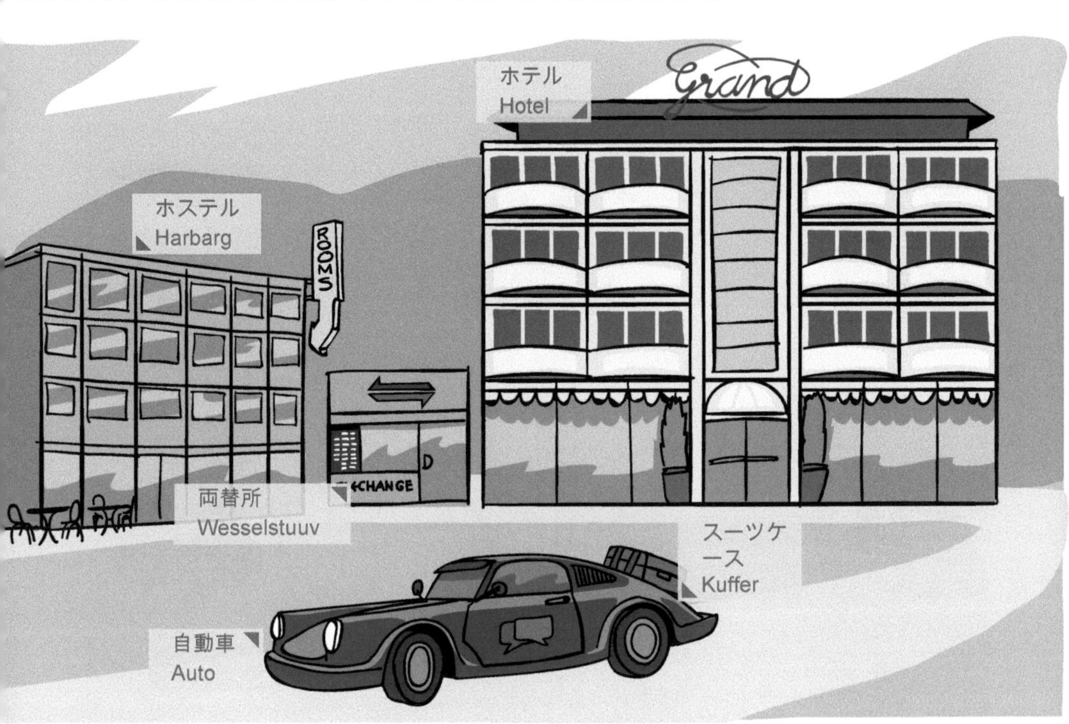

言語

Spraak

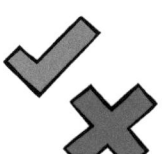

はい / いいえ

jo / ne

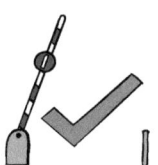

問題ない

Jo

ハロー

Moin

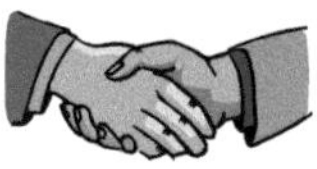

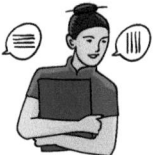

翻訳者

Översetter

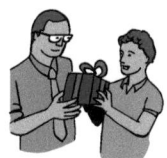

ありがとう

Dank ok

…はいくらですか？

Wat kost…?

わかりません

Ik verstah nich

問題

Problem

こんばんは！

Goden Avend

おはようございます！

Moin!

おやすみなさい！

Gode Nacht!

さようなら

Tschüüs

方向

Richt

手荷物

Bagaasch

バッグ

Tasch

リュックサック

Rüchsack

お客様

Gast

部屋

Stuuv

寝袋

Slaapsack

テント

Telt

旅行者情報

Touristeninformatschoon

ビーチ

Strand

クレジットカード

Kreditkoort

朝食

Fröhstück

昼食

Meddageten

夕食

Avendeten

チケット

Fohrkort

エレベーター

Fohrstohl

スタンプ

Breefmark

境界

Grenz

税関

Toll

大使館

Bottschop

ビザ

Visum

パスポート

Pass

輸送
Transport

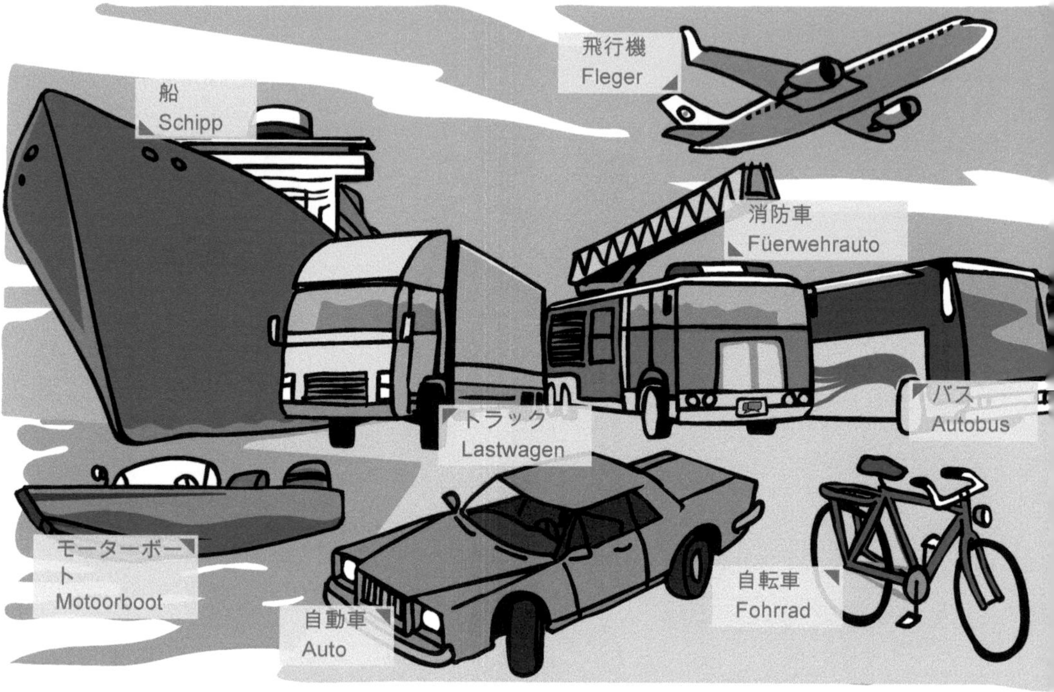

飛行機
Fleger
船
Schipp
消防車
Füerwehrauto
トラック
Lastwagen
バス
Autobus
モーターボート
Motoorboot
自動車
Auto
自転車
Fohrrad

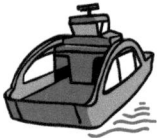

フェリー

Fähr

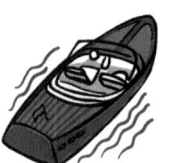

ボート

Boot

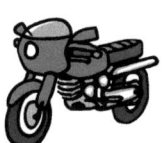

バイク

Motoorrad

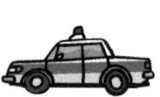

パトカー

Polizeiauto

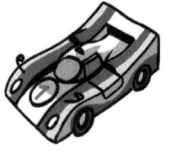

レーシングカー

Rönnauto

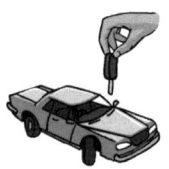

レンタカー

Lehnwagen

カーシェアリング

Carsharing

レッカー車

Afsleepwagen

ごみ収集車

Müllauto

モーター

Motoor

燃料

Kraftstoff

ガソリンスタンド

Tanksteed

交通標識

Verkehrsschild

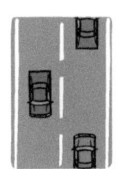

交通

Verkehr

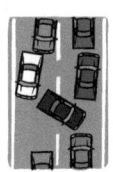

渋滞

Stau

駐車場

Afstellplatz

駅

Bahnhoff

道

Sporen

列車

Tog

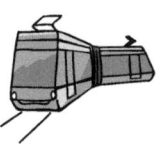

路面電車

Stratenbahn

車両

Wagon

ヘリコプター
Dwarsmöhl

空港
Flooghaven

タワー
Tower

乗客
Fohrgast

コンテナ
Grootkist

段ボール箱
Karton

カート
Koor

カゴ
Korf

離陸 / 着陸
starten / lannen

都市
Stadt

村
Dörp

都心
Binnenstadt

家
Huus

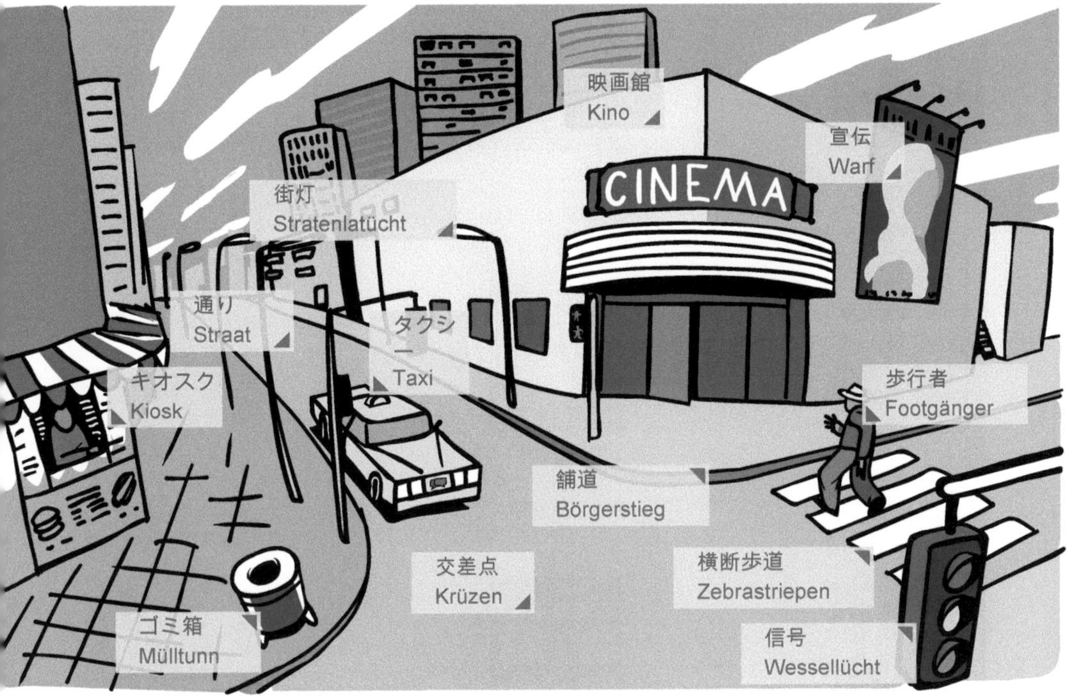
CINEMA
映画館
Kino
宣伝
Warf
街灯
Stratenlatücht
通り
Straat
タクシー
Taxi
キオスク
Kiosk
歩行者
Footgänger
舗道
Börgerstieg
交差点
Krüzen
横断歩道
Zebrastriepen
ゴミ箱
Mülltunn
信号
Wessellücht

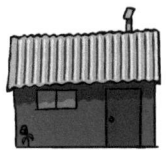

小屋

Hütt

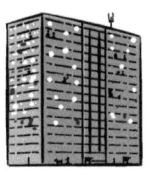

アパート

Wahnung

駅

Bahnhoff

市役所

Raathuus

MUSEUM

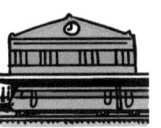

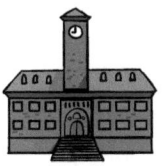

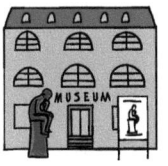

美術館

Museum

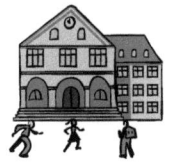

学校

School

大学

Universität

銀行

Bank

病院

Krankenhuus

ホテル

Hotel

薬局

Afteek

オフィス

Büro

書店

Bookhökerie

ショップ

Hökerie

花屋

Blomenhökerie

スーパーマーケット

Supermarkt

市場

Markt

デパート

Koophuus

魚屋

Fischhökerie

ショッピングセンター

Inkoopszentrum

港

Haven

公園
Parkanlaag

ベンチ
Bank

橋
Brüch

階段
Trepp

地下鉄
Ünnergrundbahn

トンネル
Tunnel

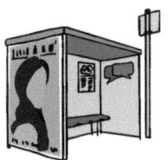

バス停
Busstoppsteed

バー
Bar

レストラン
Spieslokal

ポスト
Breefkassen

道路標識
Stratenschild

パーキングメーター
Parkklock

動物園
Deertenpark

スイミングプール
Baadanstalt

モスク
Moschee

農場

Buernhoff

汚染

Ümweltversmudden

墓地

Karkhoff

教会

Kark

遊び場

Speelplatz

寺

Tempel

風景

Landschop

葉
Blatt

道標
Wiespahl

道
Weg

草地
Wisch

石
Steen

木
Boom

ハイカー
Wannerer

川
Fluss

草
Gras

花
Bloom

谷
Daal

山
Barg

湖
See

森
Holt

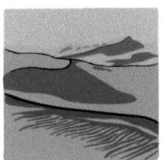

砂漠
Wööst

火山
Füerspien Barg

城
Slott

虹
Regenbagen

キノコ
Poggenstohl

ヤシの木
Palm

蚊
Steekmück

ハエ
Fleeg

蟻
Miegeemk

ミツバチ
Imm

クモ
Spinn

カブトムシ

Sebber

蛙

Pogg

リス

Katteker

ハリネズミ

Swienegel

ウサギ

Haas

フクロウ

Uul

鳥

Vagel

白鳥

Swaan

雄豚

Wildswien

鹿

Hirsch

ヘラジカ

Elk

ダム

Staudamm

風力タービン

Windrad

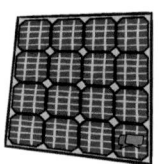

ソーラーパネル

Solarmodul

気候

Klima

レストラン
Spieslokal

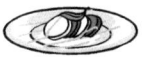

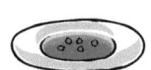

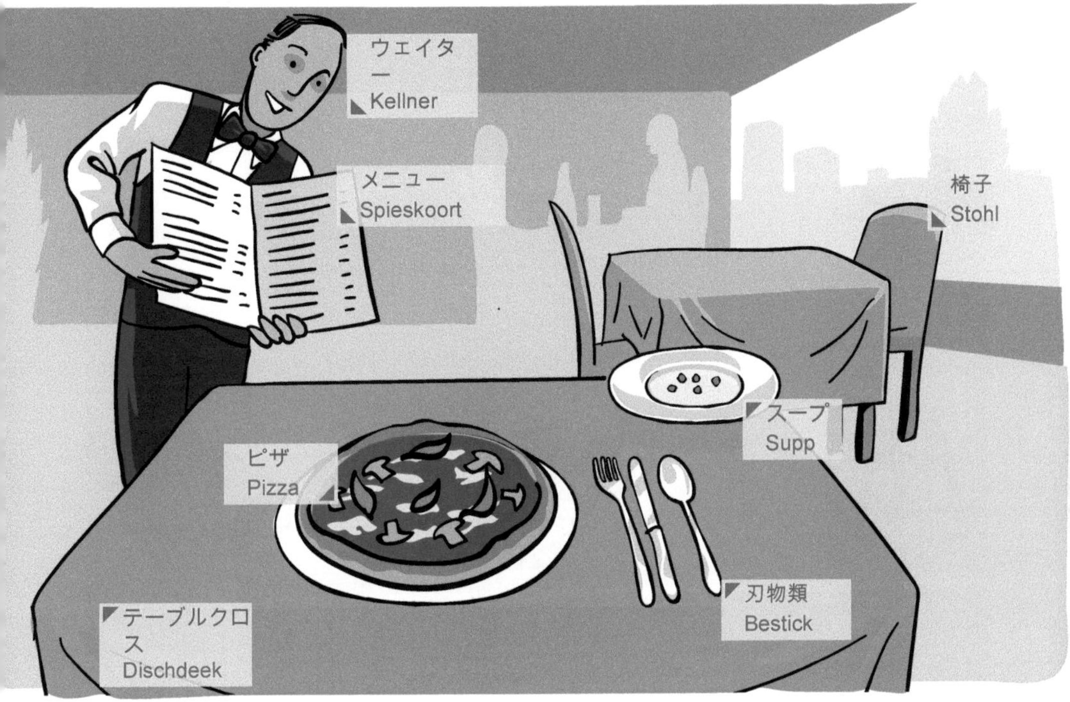

ウェイター
Kellner
メニュー
Spieskoort
椅子
Stohl
スープ
Supp
ピザ
Pizza
刃物類
Bestick
テーブルクロス
Dischdeek

前菜

Vörspies

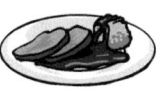

メインコース

Haupteten

デザート

Nadisch

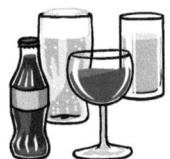

飲み物

Drünk

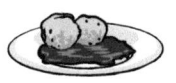

食べ物

Eten

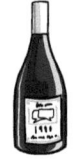

ボトル

Buddel

ファストフード

Fastfood

屋台の食べ物

Strateneten

ティーポット

Teekann

砂糖入れ

Zuckerdoos

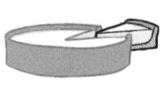

一人前

Portschoon

エスプレッソマシン

Espressomaschien

幼児用食事椅子

Hoochstohl

請求書

Reken

トレー

Tablett

ナイフ

Mess

フォーク

Gavel

スプーン

Lepel

ティースプーン

Teelepel

ナプキン

Munddook

グラス

Glas

皿
Töller

スープ皿
Suppentöller

受け皿
Ünnertass

ソース
Sooß

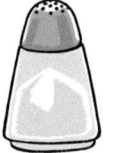

塩入れ
Soltstreuer

ペッパーミル
Pepermöhl

酢
Etig

油
Ööl

スパイス
Krüder

ケチャップ
Ketchup

マスタード
Mostrich

マヨネーズ
Mayonnaise

スーパーマーケット
Supermarkt

特価品
Anbott
FOR
顧客
Kunn
乳製品
Melkprodukten
果物
Aaft
ショッピング・カート
Inkoopswagen

BUTCHERS

肉屋

Slachterie

BAKERY

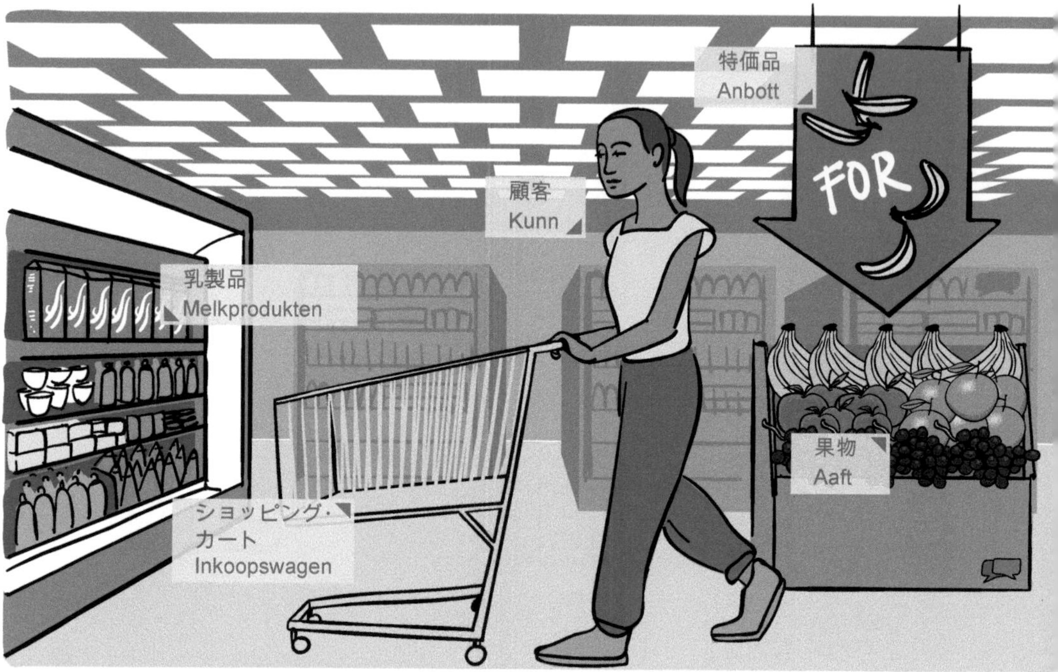

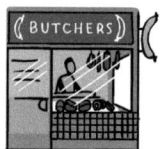

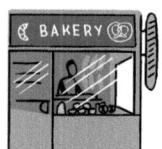

パン屋

Bäckerie

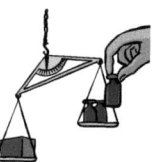

重さをはかる

wegen

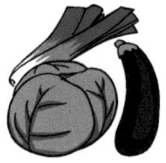

野菜

Gröönsaken

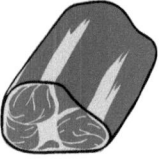

肉

Fleesch

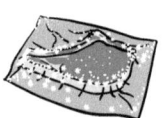

冷凍食品

Deepköhlkost

冷肉の薄切り

Opsnitt

缶詰食品

Konserven

洗剤

Waschmiddel

菓子

Snoopkraam

家庭用品

Huushooltssaken

清掃用品

Reinmaaktüüch

販売員

Verköpersche

現金箱

Kass

レジ係

Kasserer

買い物リスト

Inkoopslist

開館時刻

Opsparrtieden

財布

Breeftasch

クレジットカード

Kreditkoort

バッグ

Tasch

ポリ袋

Plastiktüüt

飲み物

Drünk

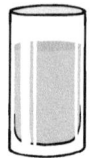

水
Water

ジュース
Saft

牛乳
Melk

コーラ
Cola

ワイン
Wien

ビール
Beer

アルコール
Spriet

ココア
Kakao

紅茶
Tee

コーヒー
Koffie

エスプレッソ
Espresso

カプチーノ
Cappucino

バナナ

Banaan

リンゴ

Appel

オレンジ

Appelsien

メロン

Meloon

レモン

Zitroon

ニンジン

Wöttel

ニンニク

Knuuvlook

竹

Bambus

玉ねぎ

Zibbel

キノコ

Poggenstohl

ナッツ

Nööt

ヌードル

Nudeln

スパゲッティ

Spaghetti

米

Ries

サラダ

Salat

フライドポテト

Pommes frites

フライドポテト

Braadkantüffeln

ピザ

Pizza

ハンバーガー

Hamborger

サンドウィッチ

Sandwich

カツレツ

Snitzel

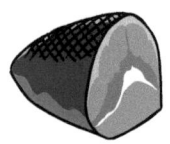

ハム

Schinken

サラミ

Salami

ソーセージ

Wust

鶏肉

Hohn

焼き

Braden

魚

Fisch

麦のお粥

Haverflocken

ムーズリ

Müsli

コーンフレーク

Cornflakes

小麦粉

Mehl

クロワッサン

Croissant

ロールパン

Rundstück

パン

Broot

トースト

Toast

ビスケット

Keksen

バター

Botter

カッテージチーズ

Quark

ケーキ

Koken

卵

Ei

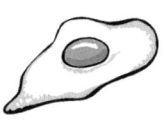

目玉焼き

Spegelei

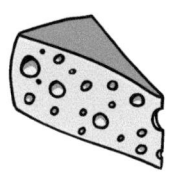

チーズ

Kees

アイスクリーム

les

砂糖

Zucker

はちみつ

Honnig

ジャム

Marmelaad

ヌガークリーム

Nougat-Creme

カレー

Curry

農場

Buernhoff

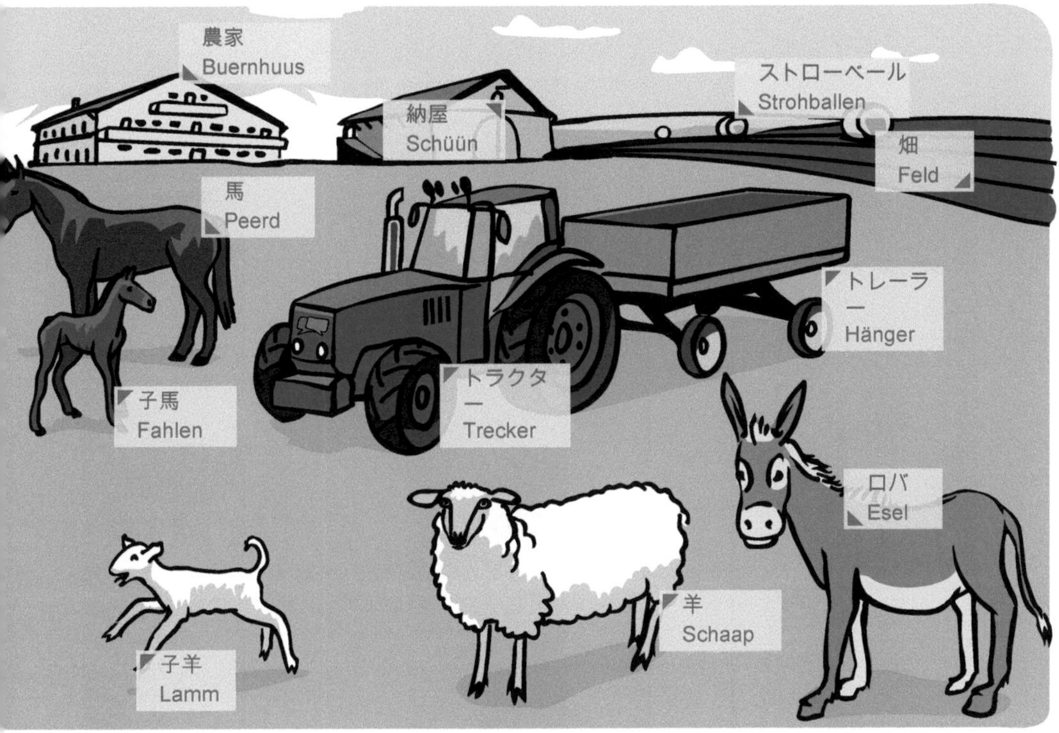
農家
Buernhuus
納屋
Schüün
ストローベール
Strohballen
畑
Feld
馬
Peerd
トレーラ
ー
Hänger
子馬
Fahlen
トラクタ
ー
Trecker
ロバ
Esel
羊
Schaap
子羊
Lamm

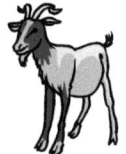

ヤギ

Zeeg

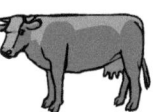

雌牛

Koh

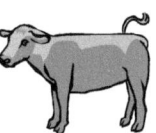

子牛

Kalf

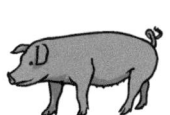

豚

Swien

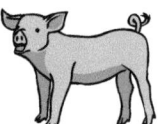

子豚

Farken

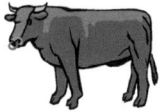

雄牛

Bull

ガチョウ

Goos

アヒル

Aant

ひよこ

Küken

にわとり

Hohn

おんどり

Hahn

ネズミ

Rott

猫

Katt

ねずみ

Muus

雄牛

Oss

犬

Hund

犬小屋

Hunnenhütt

散水ホース

Goornslauch

じょうろ

Geetkann

大鎌

Lee

すき

Ploog

草刈り鎌
Sich

くわ
Hack

堆肥用フォーク
Mestfork

斧
Ext

手押し車
Schuufkoor

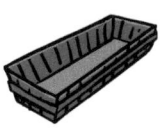

かいばおけ
Trog

牛乳缶
Melkkann

袋
Sack

フェンス
Tuun

畜舎
Stall

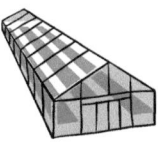

温室
Drievhuus

土壌
Bodden

種
Saat

肥料
Dünger

コンバイン
Meihdöscher

収穫する
oornen

収穫
Oorn

ヤマイモ
Yamswöttel

小麦
Weten

大豆
Soja

じゃがいも
Kantüffel

トウモロコシ
Törksche Weten

菜種
Rapp

果樹
Aaftboom

キャッサバ
Troopsch Kantüffel

穀物
Koorn

家

Huus

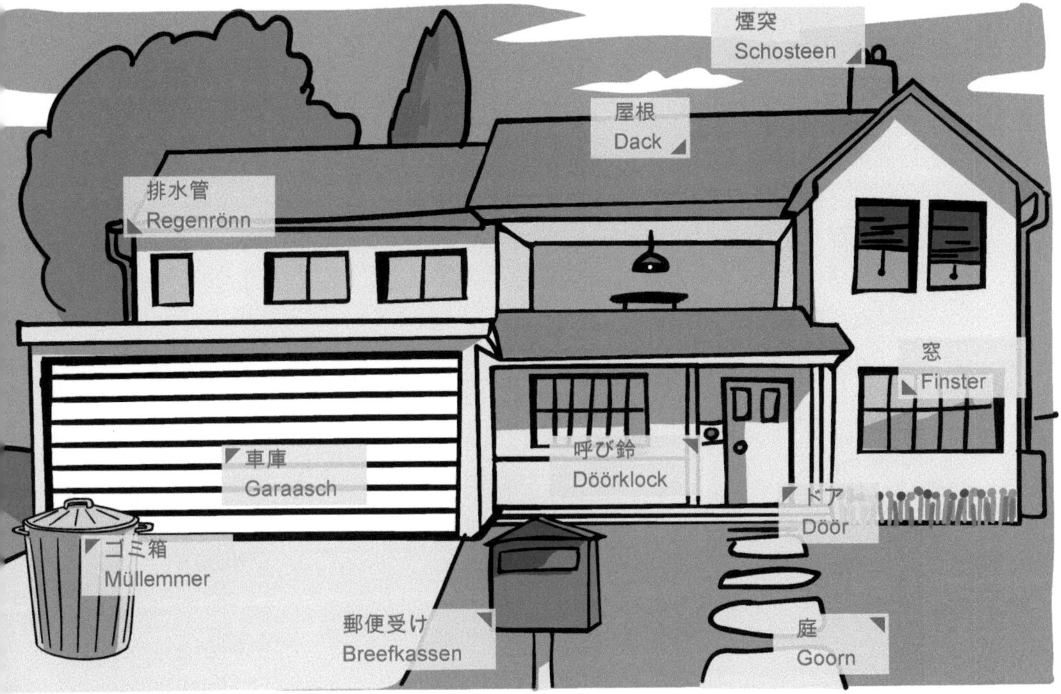
煙突
Schosteen
屋根
Dack
排水管
Regenrönn
窓
Finster
車庫
Garaasch
呼び鈴
Döörklock
ドア
Döör
ゴミ箱
Müllemmer
郵便受け
Breefkassen
庭
Goorn

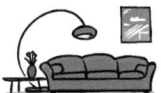

リビングルーム

Wahnstuuv

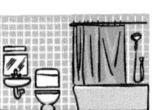

浴室

Baadstuuv

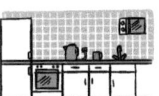

台所

Köök

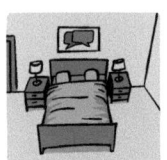

寝室

Slaapstuuv

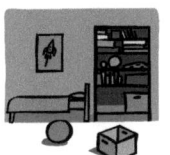

子供部屋

Kinnerstuuv

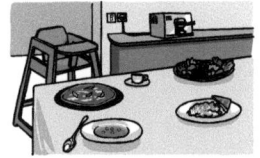

ダイニング・ルーム

Eetstuuv

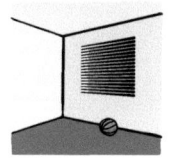

床
Footbodden

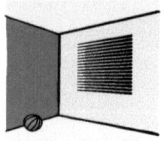

壁
Wand

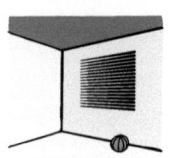

天井
Deek

地下貯蔵庫
Keller

サウナ
Hittluftbad

バルコニー
Balkon

テラス
Terrass

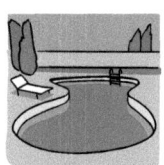

プール
Swümmbad

芝刈り機
Rasenmeiher

シーツ
Bettbetog

ベッドカバー
Bettdeek

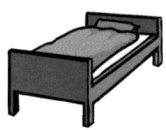

ベッド
Puuch

ほうき
Bessen

バケツ
Emmer

スイッチ
Schalter

リビングルーム
Wahnstuuv

壁紙
Tapeet
絵
Bild
ランプ
Lamp
棚
Regal
食器棚
Schapp
テレビ
Kiekkassen
暖炉
Kamin
花
Bloom
クッション
Küssen
ソファ
Sofa
花瓶
Vaas
リモコン
Feernbedenen

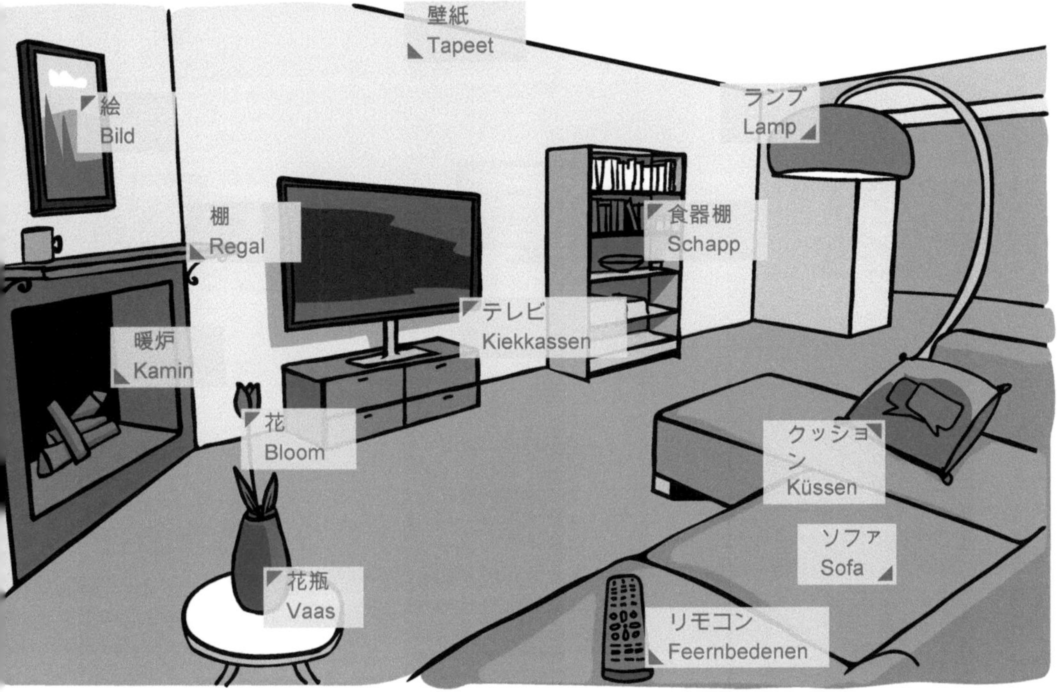

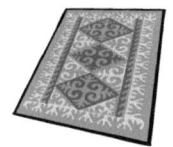

カーペット
Teppich

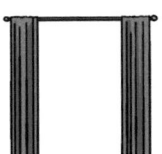

カーテン
Vörhang

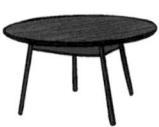

テーブル
Disch

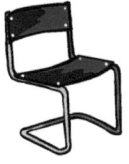

椅子
Stohl

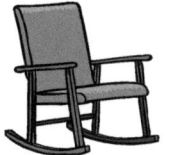

ロッキングチェア
Schuckelstohl

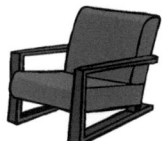

ひじ掛け椅子
Sessel

本
Book

毛布
Deek

飾り
Dekoratschoon

たきぎ
Füerholt

映画
Film

ステレオ
Stereoanlaag

鍵
Slötel

新聞
Narichtenblatt

絵画
Gemälde

ポスター
Poster

ラジオ
Radio

メモ帳
Opschrievblock

掃除機
Huulbessen

サボテン
Kaktus

ろうそく
Kars

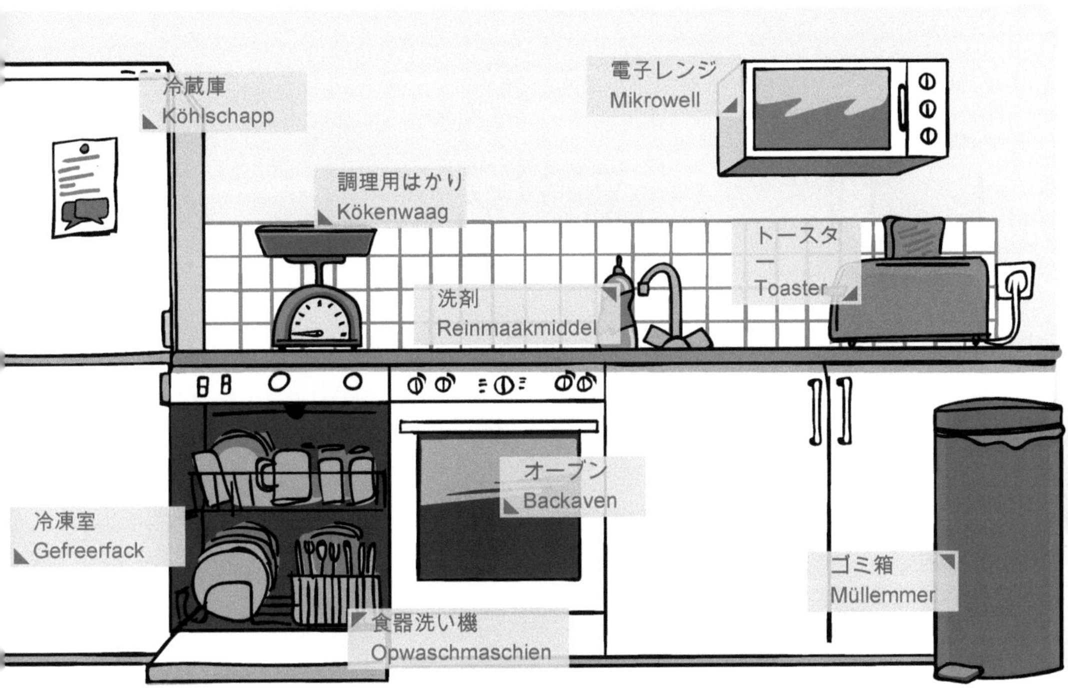

冷蔵庫
Köhlschapp

電子レンジ
Mikrowell

調理用はかり
Kökenwaag

トースター
Toaster

洗剤
Reinmaakmiddel

オーブン
Backaven

冷凍室
Gefreerfack

ゴミ箱
Müllemmer

食器洗い機
Opwaschmaschien

こんろ
Heerd

鍋
Pott

鉄鍋
Gussiesern Putt

中華鍋/ カダイ鍋
Wok / Kadai

フライパン
Pann

やかん
Waterkaker

蒸し器

Dampkaakputt

天板

Backblick

食器

Geschirr

マグカップ

Beker

ボウル

Schaal

箸

Eetsticken

おたま

Suppenkell

へら

Pannenwenner

泡立て器

Sneebessen

こし器

Kaakseef

ふるい

Seef

すりおろし器

Riev

すり鉢

Mörser

バーベキュー

Grill

かまど

Füerstell

まな板
Sniedbrett

麺棒
Nudelholt

栓抜き
Proppentrecker

缶
Doos

缶切り
Dosenaapner

鍋つかみ
Pottlappen

流し
Waschbecken

ブラシ
Böst

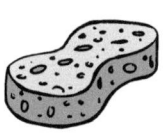

スポンジ
Swamm

ミキサー
Mixer

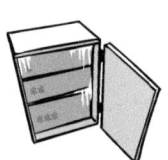

冷凍庫
Iesschapp

哺乳瓶
Nuckelbuddel

蛇口
Waterhahn

浴室

Baadstuuv

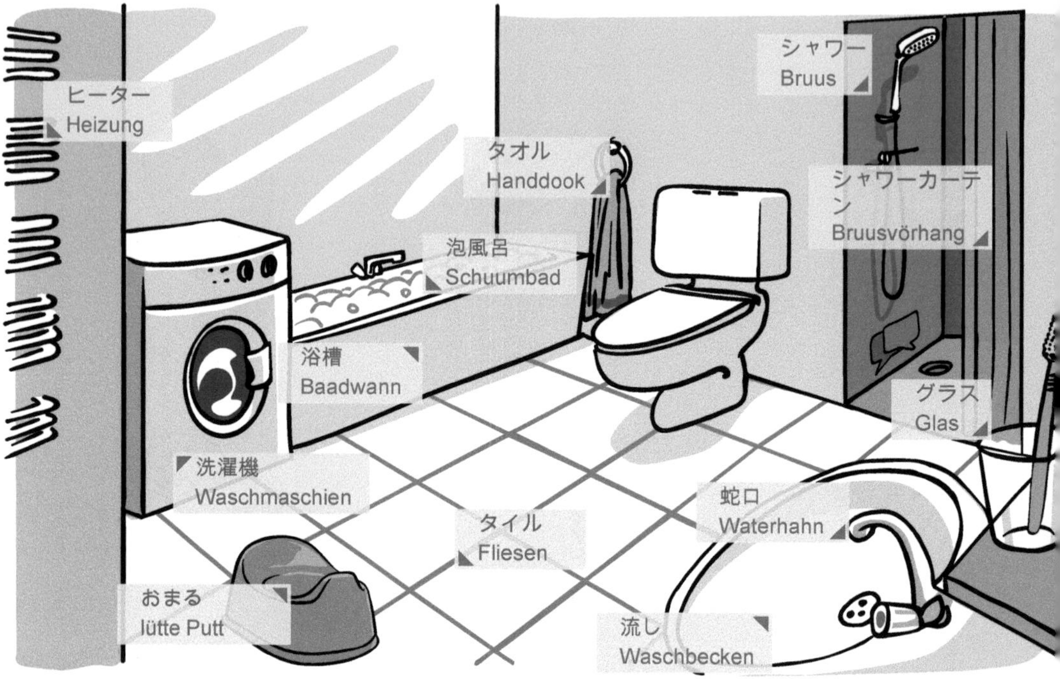

ヒーター
Heizung
タオル
Handdook
シャワー
Bruus
シャワーカーテン
Bruusvörhang
泡風呂
Schuumbad
浴槽
Baadwann
洗濯機
Waschmaschien
グラス
Glas
蛇口
Waterhahn
タイル
Fliesen
おまる
lütte Putt
流し
Waschbecken

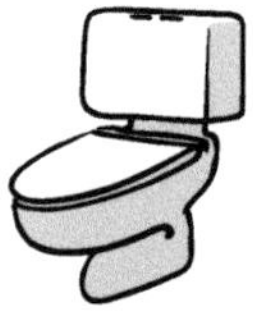

トイレ

Tante Meier

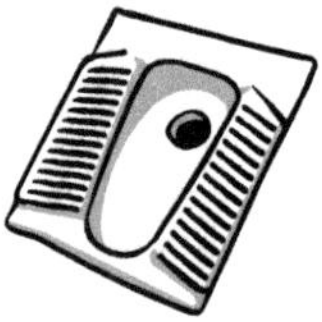

和式トイレ

Hockklo

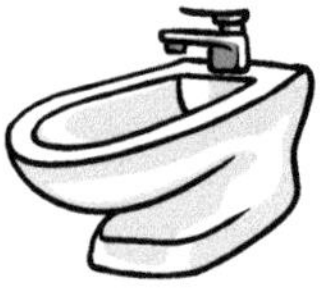

ビデ

Bidet

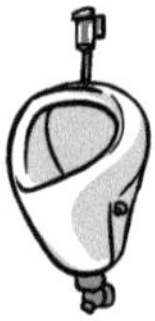

小便器

Miegbecken

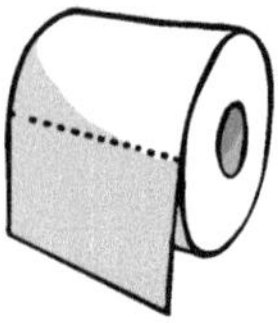

トイレットペーパー

Klopapeer

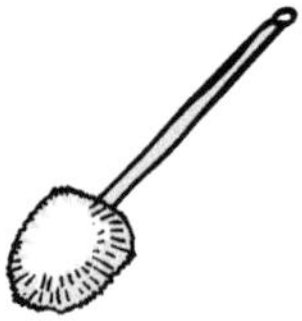

トイレブラシ

Kloböst

歯ブラシ
Tähnböst

歯みがき
Tähnpast

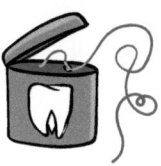

デンタルフロス
Tähnsied

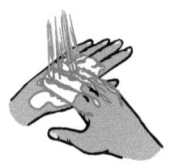

洗う
waschen

シャワーヘッド
Handbruus

ハンドビデ
Intimbruus

洗面台
Waschschöttel

ボディブラシ
Rüchböst

石鹸
Seep

シャワー用ジェル
Bruusgeel

シャンプー
Hoorwaschmiddel

浴用タオル
Waschlappen

排水口
Afloop

クリーム
Creme

消臭
Deodorant

鏡

Spegel

手鏡

Kosmetikspegel

かみそり

Raserer

シェービング・フォーム

Raseerschuum

アフターシェーブローショ
ン

Raseerwater

櫛

Kamm

ブラシ

Böst

ドライヤー

Hoordröger

ヘアスプレー

Hoorspray

化粧

Smink

口紅

Lippensticken

マニキュア

Nagellack

脱脂綿

Watt

爪切り

Nagelscheer

香水

Rüükwater

洗面用具入れ

Kulturbüdel

スツール

Schemel

体重計

Waag

バスローブ

Baadmantel

ゴム手袋

Gummihanschen

タンポン

Tampon

生理用ナプキン

Damenbinn

ケミカルトイレ

Chemieklo

子供部屋

Kinnerstuuv

目覚まし時計
Wecker
ぬいぐるみ
Knudeldeert
おもちゃの自動車
Speeltüüchauto
ドール・ハウス
Poppenhuus
プレゼント
Geschenk
がらがら
Klöter

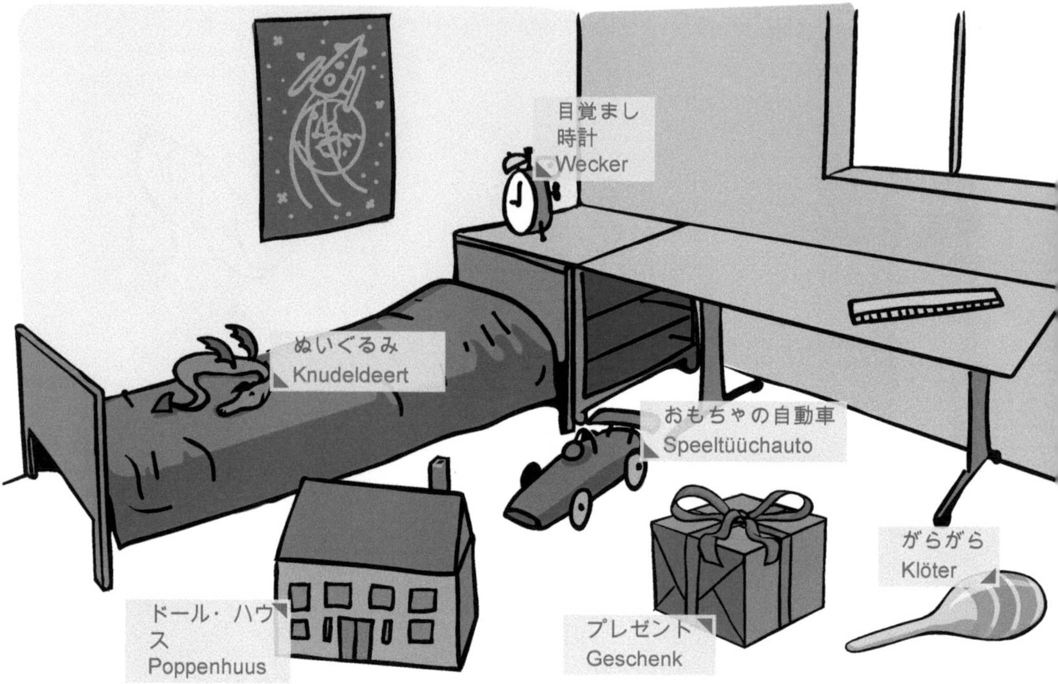

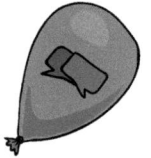

風船

Luftballon

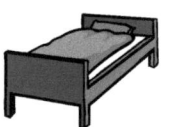

ベッド

Puuch

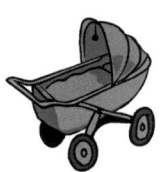

ベビーカー

Kinnerwagen

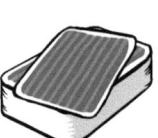

カードゲーム

Koortenspeel

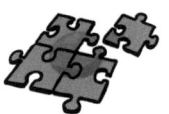

ジグソーパズル

Puzzle

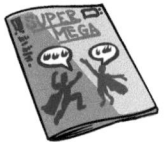

漫画

Billergeschicht

レゴ

Legostenen

玩具ブロック

Bustenen

アクションフィギュア

Action-Figur

ロンパース

Strampelantog

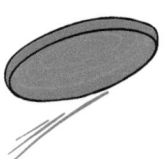

フリスビー

Frisbeeschiev

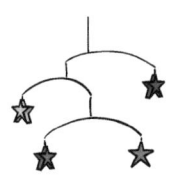

モバイル

Mobile

ボードゲーム

Brettspeel

さいころ

Wörpel

鉄道模型

Modelliesenbahn

おしゃぶり

Snuller

パーティー

Party

絵本

Billerbook

ボール

Ball

人形

Popp

遊ぶ

spelen

砂場

Sandkassen

ブランコ

Schuckel

おもちゃ

Speeltüüch

ゲーム機

Speelkonsool

三輪車

Dreerad

テディベア

Teddyboor

衣装ダンス

Klederschapp

衣服

Tüüch

靴下

Socken

ストッキング

Strümp

タイツ

Strumpbüx

スカーフ
Halsdook

ベルト
Liefreem

雨傘
Paraplü

Tシャツ
T-Shirt

スニーカー
Turnschoh

ブーツ
Stevel

スリッパ
Puuschen

サンダル
Sandalen

靴
Schoh

ゴム長靴
Gummistevel

パンツ
Ünnerbüx

ブラ
Bostholler

ベスト
Ünnerhemd

衣服 - Tüüch

45

ボディースーツ

Lief

ズボン

Büx

ジーンズ

Jeansnüx

スカート

Rock

ブラウス

Bluus

シャツ

Hemd

セーター

Pullover

パーカー

Kapuzenpullover

ブレザー

Blazer

ジャケット

Jack

コート

Mantel

レインコート

Övertrecker

服装

Kostüm

ドレス

Kleed

ウェディングドレス

Hochtietskleed

スーツ
Antog

ナイトガウン
Nachtkleed

パジャマ
Slaapantog

サリー
Sari

ヘッドスカーフ
Koppdook

ターバン
Turban

ブルカ
Burka

カフタン
Kaftan

アバヤ
Abaya

水着
Baadantog

トランクス
Baadbüx

半ズボン
Korte Büx

スウェットスーツ
Antog to'n Öven

エプロン
Schört

手袋
Handschoh

ボタン

Knopp

メガネ

Brill

ブレスレット

Armband

ネックレス

Halskeed

指輪

Ring

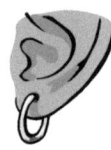

イヤリング

Ohrbummel

帽子

Mütz

ハンガー

Klederbögel

帽子

Hoot

ネクタイ

Binner

ファスナー

Rietslüter

ヘルメット

Helm

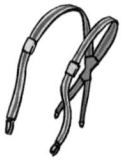

サスペンダー

Drachtband

制服

Schooluniform

ユニフォーム

Uniform

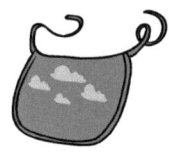

よだれかけ

Severböten

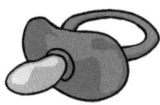

おしゃぶり

Snuller

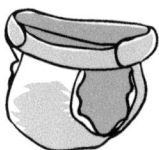

おむつ

Winnel

オフィス

Büro

サーバ
Server
書類キャビネット
Aktenschapp
紙
Papeer
プリンター
Drucker
モニター
Bildschirm
マウス
Muus
事務机
Schrievdisch
フォルダー
Orner
キーボード
Knoopboord
ごみ箱
Papeerkorf
コンピューター
Computer
椅子
Stohl

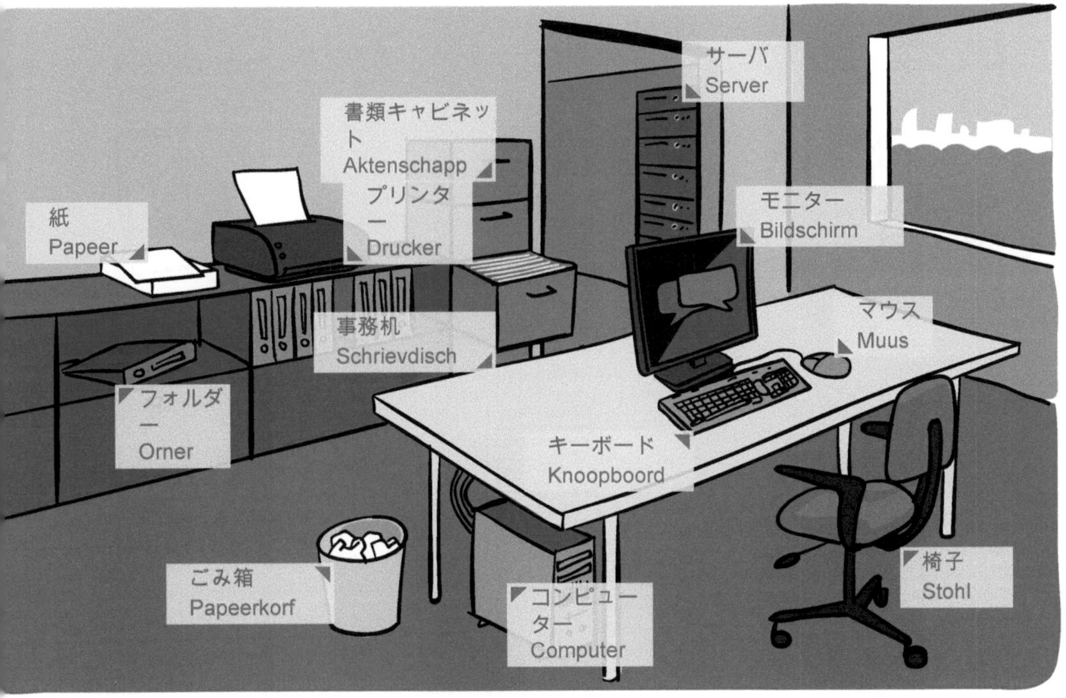

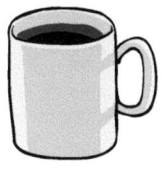

コーヒーマグ

Koffiebeker

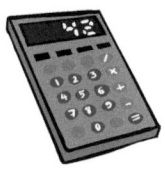

計算機

Taschenreekner

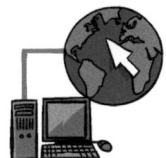

インターネット

Internet

ラップトップ

Klappreekner

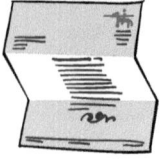

手紙

Breef

メッセージ

Naricht

携帯電話

Ackersnacker

ネットワーク

Nettwark

コピー機

Kopeerapparat

ソフトウェア

Software

電話

Klöönkassen

コンセント

Steekdoos

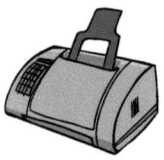

ファックス

Faxapparat

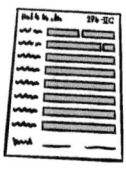

フォーム

Formulor

書類

Dokument

買う
köpen

支払う
betahlen

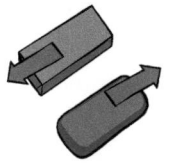

取引する
hanneln

お金
Geld

ドル
Dollar

ユーロ
Euro

円
Yen

 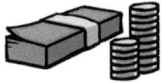

ルーブル
Ruvel

スイスフラン
Swiezer Franken

人民元
Renminbi Yuan

ルピー
Rupie

キャッシュポイント
Geldautomat

両替所
Wesselstuuv

金
Gold

銀
Sülver

油
Ööl

エネルギー
Energie

価格
Pries

契約
Verdrag

税金
Stüer

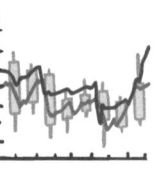

株
Andeelschien

働く
arbeiden

従業員
Anstellte

雇用主
Arbeitgever

工場
Fabrik

ショップ
Hökerie

職業
Profeschonen

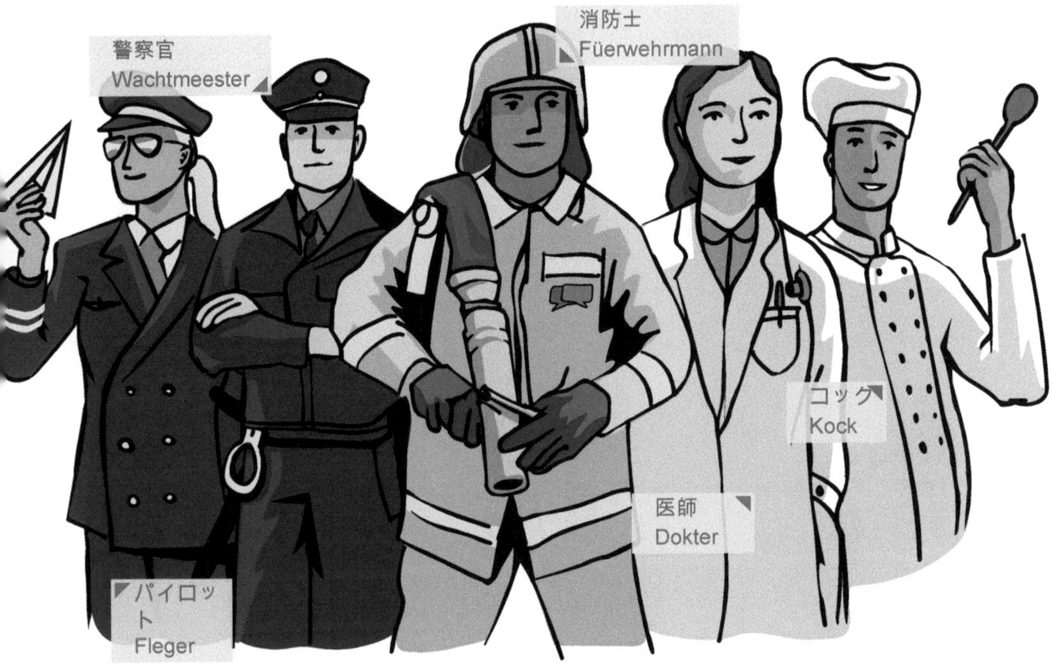
警察官
Wachtmeester
消防士
Füerwehrmann
コック
Kock
医師
Dokter
パイロット
Fleger

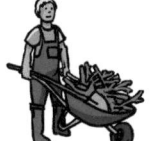

庭師

Goorner

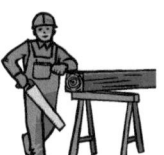

大工

Discher

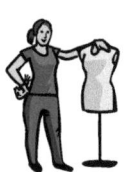

お針子

Neihersche

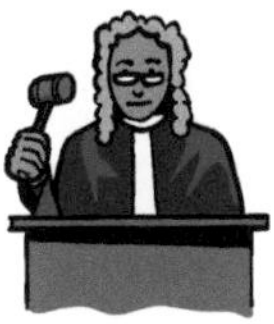

裁判官

Richter

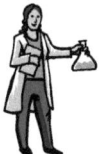

化学者

Chemiker

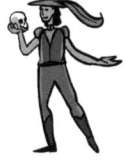

俳優

Schauspeler

バスの運転手

Busfohrer

タクシー運転手

Taxifohrer

漁師

Fischer

掃除婦

Reinmaakfru

屋根ふき職人

Dackdecker

ウェイター

Kellner

ハンター

Jäger

塗装工

Maler

パン屋

Bäcker

電気工

Elektriker

建設作業員

Buarbeider

エンジニア

Ingenieur

肉屋

Slachter

配管工

Klempner

郵便配達人

Postbüdel

軍人
Suldat

建築家
Architekt

レジ係
Kasserer

花屋
Florist

美容師
Putzbüdel

車掌
Schaffner

機械工
Mechaniker

キャプテン
Kaptein

歯科医
Tähndokter

科学者
Wetenschopler

ラビ
Rabbi

イスラム導師
Imam

修道士
Mönk

牧師
Paap

道具

Warktüüch

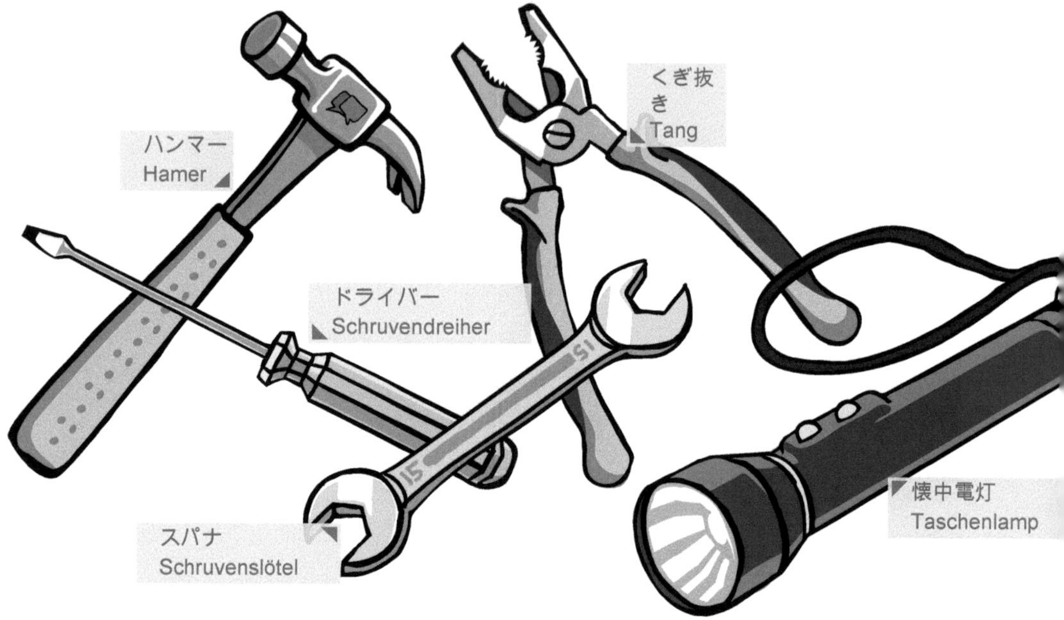

ハンマー
Hamer

くぎ抜き
Tang

ドライバー
Schruvendreiher

スパナ
Schruvenslötel

懐中電灯
Taschenlamp

掘削機
Grieper

道具箱
Warktüüchkassen

はしご
Ledder

のこぎり
Saag

釘
Nagels

ドリル
Bohrer

修理する
heelmaken

シャベル
Schüffel

クソ！
Schiet!

ちりとり
Kehrblick

ペンキ缶
Farvpott

ネジ
Schruven

楽器

Musikinstrumenten

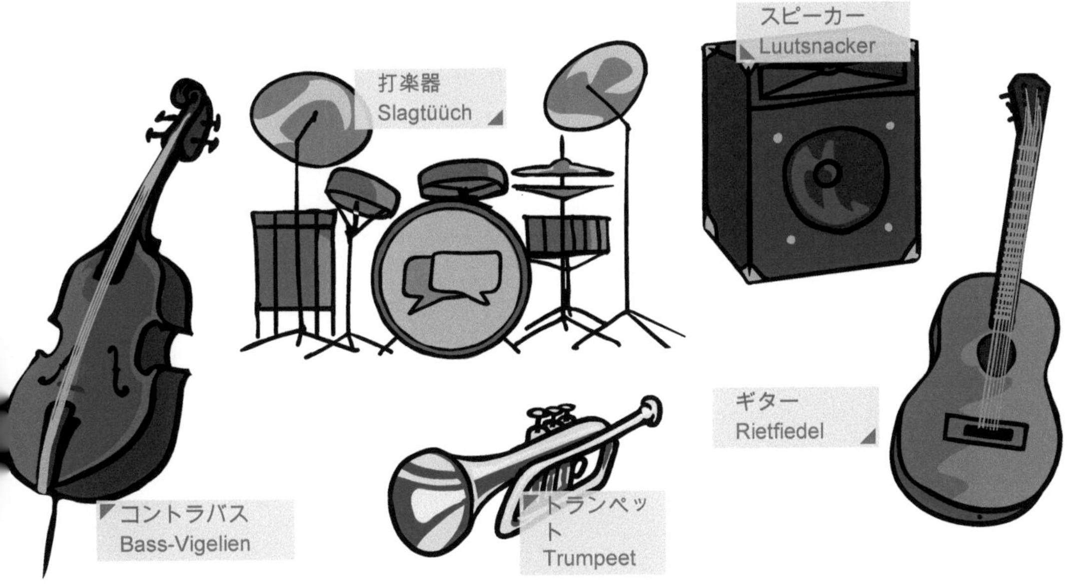

打楽器
Slagtüüch

スピーカー
Luutsnacker

ギター
Rietfiedel

コントラバス
Bass-Vigelien

トランペット
Trumpeet

ピアノ

Klaveer

バイオリン

Vigelien

バス

Bass

ティンパニ

Pauk

ドラム

Trummeln

キーボード

Keyboard

サックス

Saxophon

フルート

Fleut

マイクロフォン

Mikrofoon

動物園

Deertenpark

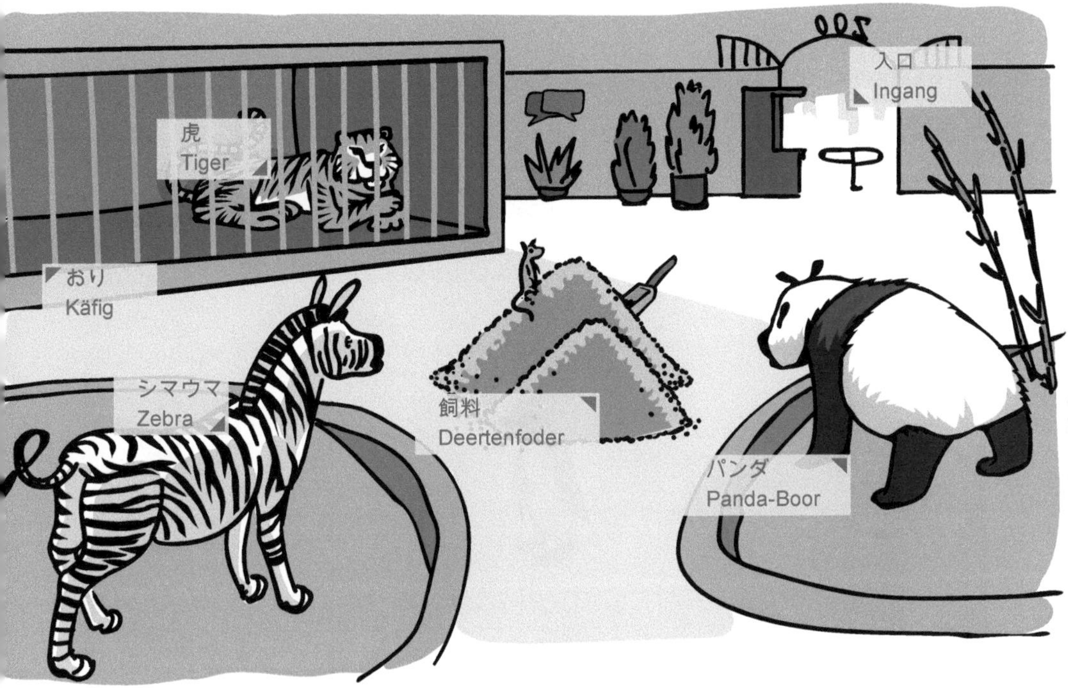

入口
Ingang
虎
Tiger
おり
Käfig
シマウマ
Zebra
飼料
Deertenfoder
パンダ
Panda-Boor

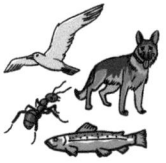

動物

Deerten

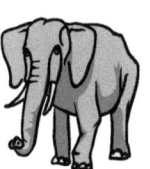

象

Elefant

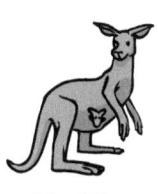

カンガルー

Känguru

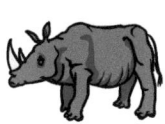

サイ

Neeshoorn

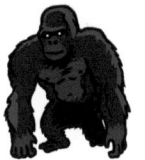

ゴリラ

Gorilla

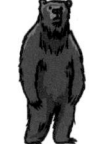

熊

Boor

ラクダ
Kameel

ダチョウ
Struuß

ライオン
Lööv

猿
Aap

フラミンゴ
Flamingo

オウム
Papagoi

白クマ
Iesboor

ペンギン
Pinguin

サメ
Haifisch

クジャク
Pageluun

蛇
Slang

ワニ
Krokodil

飼育係
Oppasser in'n Deertenpark

アザラシ
Saalhund

ジャガー
Jaguor

動物園 - Deertenpark

ポニー
Pony

ヒョウ
Leopard

カバ
Nilpeerd

キリン
Giraff

鷲
Aadler

雄豚
Wildswien

魚
Fisch

亀
Schildkrööt

セイウチ
Walross

狐
Voss

ガゼル
Gazell

スポーツ
Sport

アメフト
Amerikaansch Football

サイクリング
Radfohren

テニス
Tennis

バスケット
ボール
Korfball

水泳
Swümmen

ボクシン
グ
Boxen

アイスホッケ
ー
Ieshockey

サッカー
Football

バドミントン
Fedderball

陸上競技
Leichtathletik

ハンドボール
Handball

スキー
Skilopen

ポロ
Polo

跳ぶ
springen

笑う
lachen

抱きしめる
ümarmen

歩く
gahn

歌う
singen

夢見る
drömen

祈る
beden

キス
snuteln

書く
schrieven

描く
teken

示す
wiesen

押す
drücken

与える
geven

取る
nehmen

持っている

hebben

する

doon

ある

sien

立つ

stahn

走る

lopen

引く

trecken

投げる

smieten

落ちる

fallen

横たわっている

liggen

待つ

töven

運ぶ

dregen

座る

sitten

着る

antrecken

眠る

slapen

目が覚める

opwaken

見る
ankieken

泣く
wenen

なでる
eien

櫛ですく
kämmen

話す
snacken

理解する
verstahn

質問する
fragen

聞く
hören

飲む
drinken

食べる
eten

片づける
oprümen

愛する
leefhebben

料理する
kaken

運転する
fohren

飛ぶ
flegen

ヨットに乗る
segeln

計算する
reken

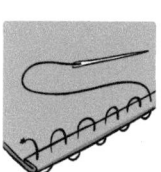

読む
lesen

学ぶ
lehren

働く
arbeiden

結婚する
de Plünnen tohoopsmieten

縫う
neihen

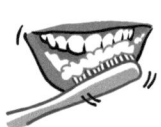

歯を磨く
Tähnen putzen

殺す
dootmaken

喫煙する
smöken

送る
schicken

祖母
Grootmoder

祖父
Grootvadder

父
Vadder

母
Moder

赤ん坊
Winnelkind

娘
Dochter

息子
Söhn

お客様

Gast

おば

Tant

おじ

Unkel

兄弟

Broder

姉妹

Süster

体

Lief

ひたい
Vörkopp
目
Oog
肩
Schuller
指
Finger
顔
Gesicht
あご
Kinn
手
Hand
胸
Bost
脚
Been
腕
Arm

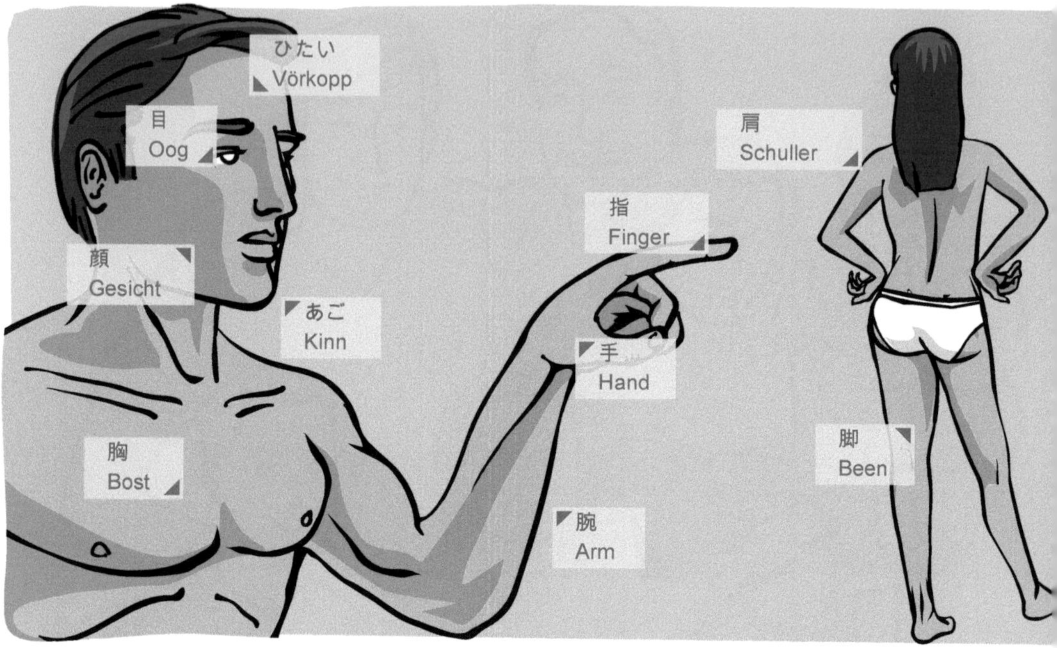

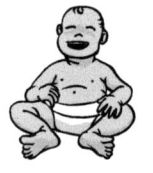

赤ん坊

Winnelkind

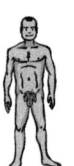

男性

Mann

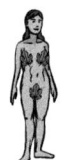

女性

Fro

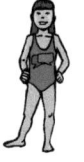

少女

Deern

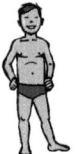

少年

Jung

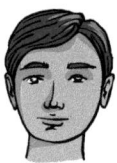

頭

Arm

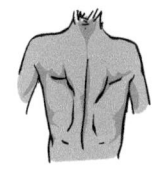

背中
Rüch

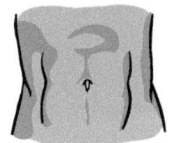

腹
Buuk

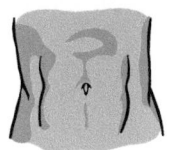

へそ
Navel

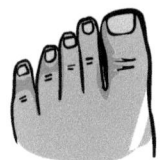

足指
Teh

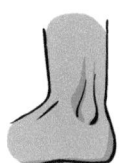

かかと
Hack

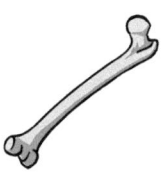

骨
Knaken

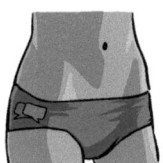

腰
Hüft

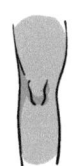

ひざ
Knee

ひじ
Ellbagen

鼻
Nees

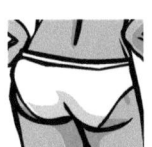

尻
Achtersen

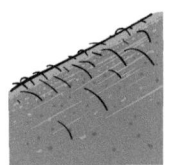

皮膚
Huut

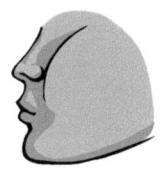

頬
Back

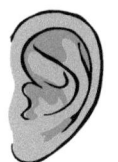

耳
Ohr

唇
Lipp

体 - Lief

口
Mund

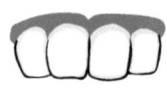

歯
Tähn

舌
Tung

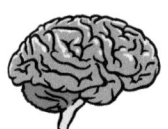

脳
Bregen

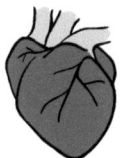

心臓
Hart

筋肉
Muskel

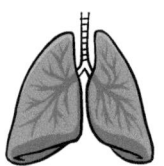

肺
Lung

肝臓
Lever

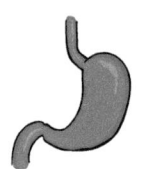

胃
Maag

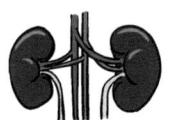

腎臓
Neren

セックス
Bislaap

コンドーム
Kondoom

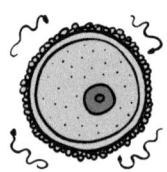

卵細胞
Eizell

精液
Sperma

妊娠
Anner Ümstänn

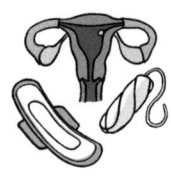

月経
Menstruatschoon

膣
Scheed

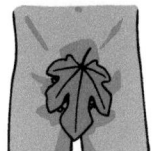

ペニス
Pint

眉
Ogenbroe

髪
Hoor

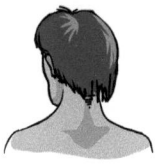

首
Hals

体 - Lief

病院

Krankenhuus

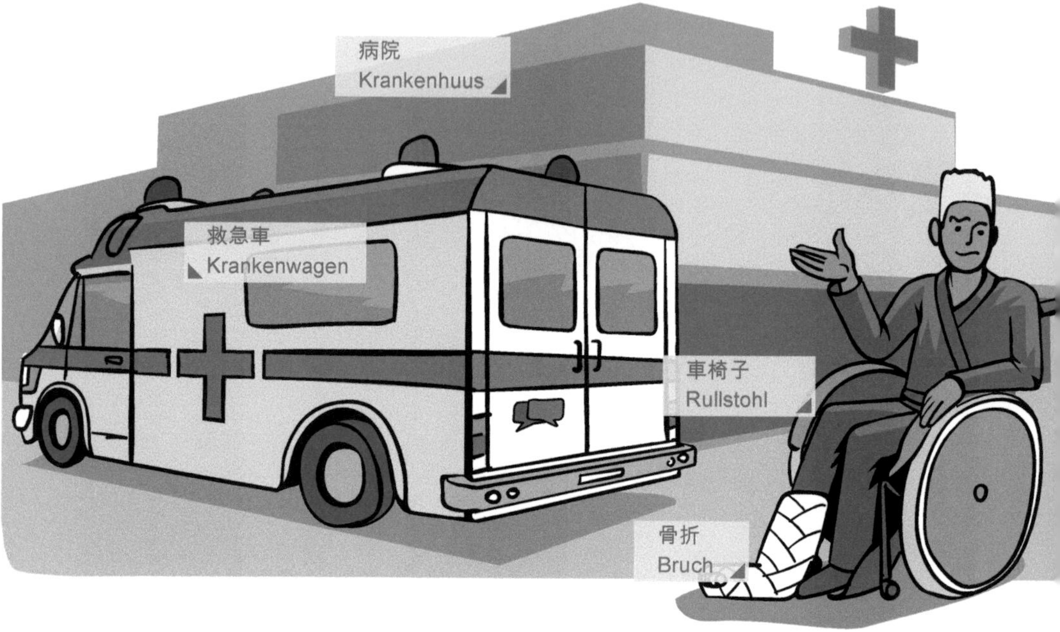

病院
Krankenhuus
救急車
Krankenwagen
車椅子
Rullstohl
骨折
Bruch

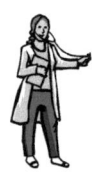

医師

Dokter

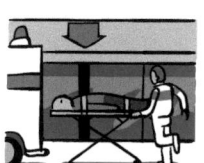

救急治療室

Nootopnahm

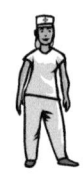

看護師

Krankensüster

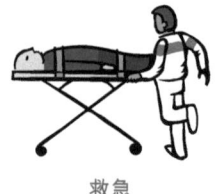

救急

Nootfall

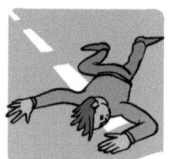

失神

ahnmächtig

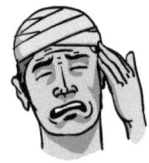

痛み

Wehdaag

けが
Verwunnen

出血
Blöden

心臓発作
Hartinfarkt

脳卒中
Slaganfall

アレルギー
Allergie

咳
Hoosten

熱
Fever

インフルエンザ
Gripp

下痢
Dörchfall

頭痛
Koppwehdaag

癌
Kreeft

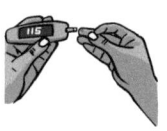

糖尿病
Zuckersüük

外科医
Chirurg

外科用メス
Chirurgsch Mess

手術
Operatschoon

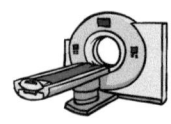

CT
CT

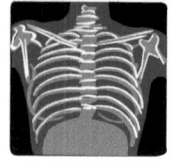

レントゲン
Dörchlüchten

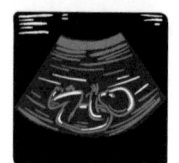

超音波
Ultraschall

マスク
Mask

病気
Krankheit

待合室
Töövruum

松葉づえ
Krück

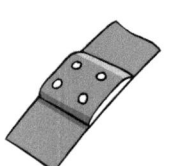

ばんそうこう
Plaaster

包帯
Verband

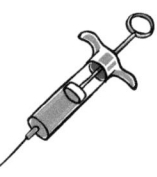

注射
Insprütten

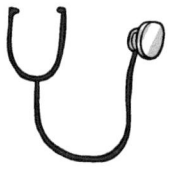

聴診器
Stethoskop

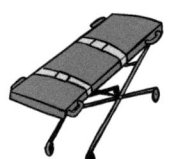

担架
Draag

体温計
Feverthermometer

出産
Geboort

肥満
Övergewicht

補聴器
Höörapparat

消毒剤
Kiemfriemiddel

感染
Ansteken

ウイルス
Virus

HIV / エイズ
HIV / AIDS

内服薬
Heelmiddel

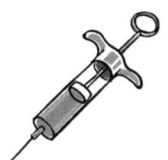

予防接種
Impen

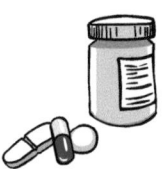

錠剤
Tabletten

ピル
Pill

緊急電話
Nootroop

血圧計
Blootdruck-Meter

病気の ／ 健康な
krank / gesund

助けて！

Hölp!

アラーム

Alarm

暴行

Överfall

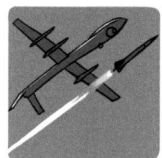

攻撃

Angreep

危険

Gefohr

非常口

Nootutgang

火事だ！

Füer!

消火器

Füerlöscher

事故

Unfall

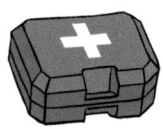

救急箱

Noothölpkoffer

SOS

SOS

警察

Polizei

ヨーロッパ

Europa

北米

Noordamerika

南米

Süüdamerika

アフリカ

Afrika

アジア

Asien

オーストラリア

Australien

大西洋

Atlantik

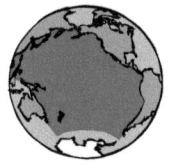

太平洋

Pazifik

インド洋

Indisch Weltmeer

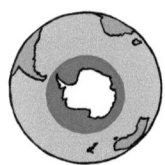

南極海

Antarktisch Weltmeer

北極海

Arktisch Weltmeer

北極

Noordpol

南極
Süüdpol

南極大陸
Antarktis

地球
Eerd

陸
Land

海
See

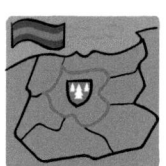

島
Eiland

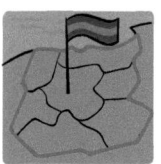

国家
Natschoon

国家
Staat

文字盤

Tallenblatt

短針

Stunnenwieser

長針

Minutenwieser

秒針

Sekunnenwieser

何時ですか？

Wo laat is dat?

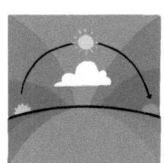

日

Dag

時間

Tiet

現在

nu

デジタル時計

digetaalsch Klock

分

Minuut

時間

Stunn

週

Week

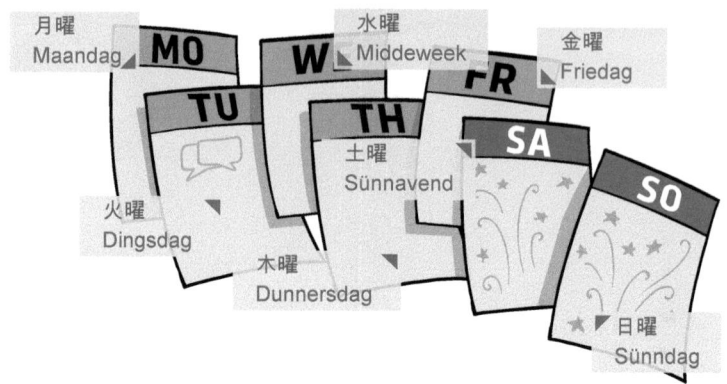

月曜 Maandag
火曜 Dingsdag
水曜 Middeweek
木曜 Dunnersdag
土曜 Sünnavend
金曜 Friedag
日曜 Sünndag

昨日
güstern

今日
hüüt

明日
morgen

朝
Morgen

昼
Meddag

夜
Avend

営業日
Arbeitsdaag

週末
Wekenenn

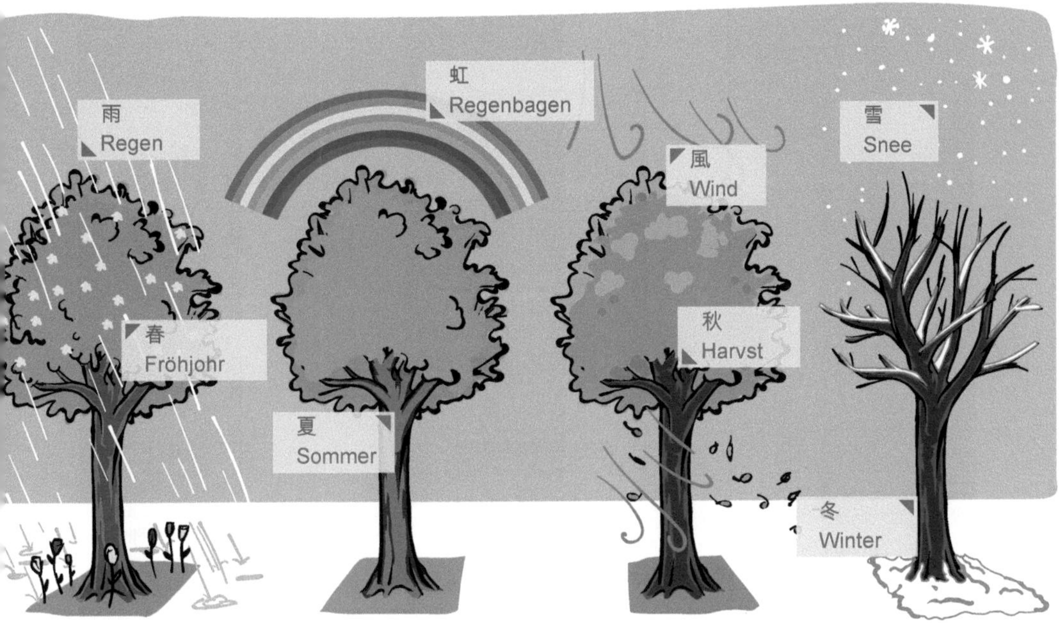

雨
Regen
虹
Regenbagen
風
Wind
雪
Snee
春
Fröhjohr
夏
Sommer
秋
Harvst
冬
Winter

4.APRIL 11°
5.APRIL 4°
6.APRIL 13°
7.APRIL 8°
8.APRIL 10°

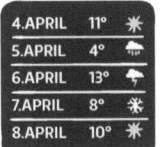

天気予報

Wedervörhersaag

F
C
120
90
60
30
0
-30
40
30
20
10
0
-10
-20

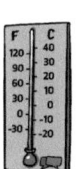

温度計

Thermometer

日差し

Sünnenschien

雲

Wulk

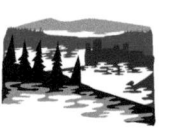

霧

Nevel

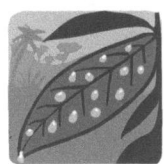

湿度

Luftfuchtigkeit

雷

Blitz

雷

Dunner

嵐

Storm

ひょう

Hagel

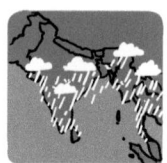

季節風

Monsun

洪水

Floot

氷

Ies

1月

Januormaand

2月

Februormaand

3月

Martmaand

4月

Aprilmaand

5月

Maimaand

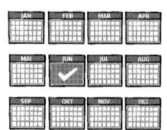

6月

Junimaand

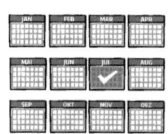

7月

Julimaand

8月

Augustmaand

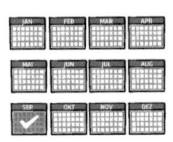

9月
....
Septembermaand

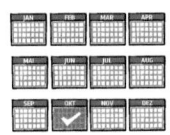

10月
....
Oktobermaand

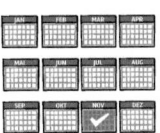

11月
....
Novembermaand

12月
....
Dezembermaand

形

Formen

円
....
Krink

正方形
....
Quadrat

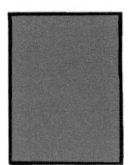

長方形
....
Rechteck

三角
....
Dreeeck

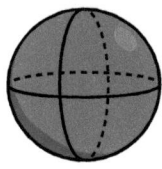

球
....
Kugel

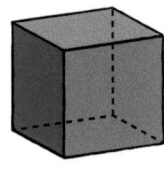

立方体
....
Wörpel

色

Farven

白
....
witt

黄
....
geel

オレンジ
....
orangsch

ピンク
....
pink

赤
....
root

紫
....
lila

青
....
blau

緑
....
gröön

茶
....
bruun

灰色
....
gries

黒
....
swart

多い / 少ない

veel / wenig

怒っている /
落ち着いている
böös / verdreeglich

美しい / 醜い

smuck / mies

初め / 終わり

Begünn / Enn

大きい / 小さい

groot / lütt

明るい / 暗い

hell / düüster

兄弟 / 姉妹

Broder / Süster

清潔な / 汚い

schier / schietig

完全な / 不完全な

kumpleet / nich kumpleet

日中 / 夜

Dag / Nacht

死んだ / 生きている

doot / lebennig

幅広い / 狭い

breet / small

食べられる　／
食べられない
geneetbor / nich geneetbor

悪意のある　／　親切な
böös / fründlich

興奮している　／
退屈じている
fickerig / langwielt

太った　／　痩せた
dick / dünn

最初に　／　最後に
toeerst / toletzt

友人　／　敵
Fründ / Fiend

いっぱいの　／　空の
vull / leddig

硬い　／　柔らかい
hart / week

重い　／　軽い
swoor / licht

空腹　／　喉の渇き
Smacht / Döst

病気の　／　健康な
krank / gesund

違法な　／　合法な
nich na't Recht / na't Recht

賢い　／　愚かな
klook / dummerhaftig

左に　／　右に
linkerhand / rechterhand

近い　／　遠い
neeg / feern

新しい / 中古の

nieg / bruukt

何もない / 何かある

nix / wat

老いた / 若い

oolt / jung

オン / オフ

an / ut

開いている /
閉まっている
apen / slaten

静かな / うるさい

lies / luut

裕福な / 貧乏な

riek / arm

正しい / 間違っている

richtig / verkehrt

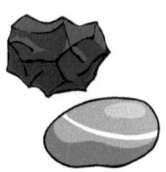

粗い / なめらか

ruug / glatt

悲しい / 幸せな

trurig / glücklich

短い / 長い

kort / lang

ゆっくり / 速い

suutje / flink

濡れた / 乾いた

natt / dröög

温かい / 冷たい

warm / köhl

戦争 / 平和

Krieg / Freden

反対 - Gegendelen

0

ゼロ

null

1

1

een

2

2

twee

3

3

dree

4

4

veer

5

5

fief

6

6

söss

7

7

söven

8

8

acht

9

9

negen

10

10

teihn

11

11

ölven

12

12

twölf

13

13

dörteihn

14

14

veerteihn

15

15

föffteihn

16

16

sössteihn

17

17

söventeihn

18

18

achtteihn

19

19

negenteihn

20

20

twintig

100

100

hunnert

1.000

1000

dusend

1.000.000

100万

million

英語

Engelsch

アメリカ英語

Amerikaansch Engelsch

中国標準語

Chineesch Mandarin

ヒンディー語

Hindi

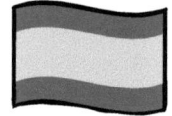

スペイン語

Spaansch

フランス語

Franzöösch

アラビア語

Araabsch

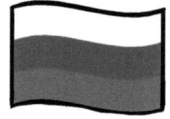

ロシア語

Rusch

ポルトガル語

Portugiesch

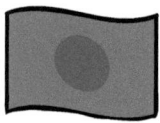

ベンガル語

Bengaalsch

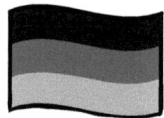

ドイツ語

Düütsch

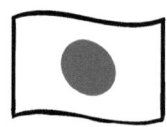

日本語

Japaansch

私
ik

あなた
du

彼 / 彼女 / それ
he / se / dat

私たち
wi

あなたたち
ji

彼ら
se

誰？
keen?

何？
wat?

どうやって？
woans?

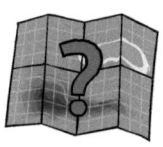

どこ？
woneem?

いつ？
wannehr?

名前
Naam

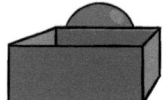

後ろ

achter

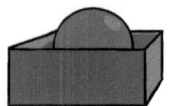

中

in

前

vör

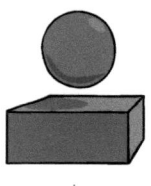

上

över

上

op

下

ünner

横

blangen

間

twüschen

場所

Oort